Este libro es propiedad de:

....

....

Ilustraciones de Jan Lewis

Especialista del idioma inglés: Betty Root
Especialista del idioma español: Kate Naylor

Esta edición publicado en 2004 por Parragon Publishing

Parragon Publishing
Queen Street House
4 Queen Street
BATH, BA1 1HE, UK

Copyright © Parragon 2004
Reservados todos los derechos. No se permite reproducir,
almacenar en sistemas de recuperación de la información ni
transmitir alguna parte de esta publicación, cualquiera que sea
el medio empleado—electrónico, mecánico, fotocopia, grabación,
etc.—sin permiso previo de los titulares de los derechos de la
propiedad intelectual.

ISBN 1-40543-213-6

Impreso en India

Mis Primeras

1000

Palabras

p

 los dedos del pie

 la mano

 la rodilla

 el codo

 la barriga

 la uña

 el hombro

 el tobillo

 las caderas

 la cintura

el pecho

 la espalda

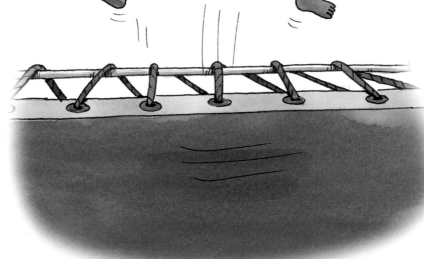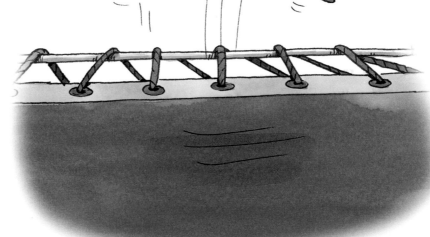

el brazo

 el pulgar

la pierna

 el dedo

 el pie

 el trasero

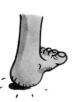 el talón

6

la cabeza

la oreja

el ojo

los dientes

la frente

la lengua

la boca

la nariz

el pelo

la barbilla

la mejilla

el cuello

Mi familia

el padre

la hermana

el hermano

la madre

la abuela

el abuelo

la prima

el tío

la tía

el sillón

el jarrón

el estante

el disco compacto

el televisor

el cuadro

el paraguas

el espejo

el equipo
de música

el mecedor

la puerta

el teléfono

la llave

la radio

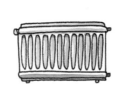
la lámpara

el radiador

los libros

la bombilla

las flores

el sofá

el armario

el reloj

la luz

la alfombrilla

el diario

el vídeo

el interruptor

la fotografía

la ventana

el adorno

el almohadón

el escabel

el picaporte

la estantería

el teléfono móvil

la alfombra

el candelabro

las cortinas

las revistas

La ropa

los pantalones

la camisa

el gorro

la camiseta de
manga corta

el cinturón

los guantes

el saco

los calzoncillos

la camiseta

los vaqueros

los zapatos

el impermeable

la chaqueta

la pollera

las medias

la gorra

las sandalias

el vestido

el pulóver

el chaleco

la bufanda

los leotardos

el abrigo

las zapatillas
de deporte

los pantalones
cortos

la malla

el desayuno

el almuerzo

la cena

la sal

la pimienta

la hamburguesa

la tostada

la galleta

la lechuga

la ensalada

la limonada

los panqueques

los cereales

el bistec

el jamón

el té

la mermelada

el pan

la miel

el café

las papas fritas

la sopa

el azúcar

los guisantes

los espaguetis

el platillo

el delantal

la lavadora

la mesa

la olla

el taburete

la tabla
de planchar

la batidora

el recogedor

la escoba

la plancha

la jarra

el lavaplatos

el vaso

el cuchillo

el guante para
el horno

la cocina

la silla

el tenedor

la tostadora

el papel de cocina

el calendario

el fregadero

la taza

la cuchara

la huevera

el plato

la silla alta

la tetera

el tazón

la pava

la nevera

el cepillo

la sartén

la aspiradora

la balanza

el trapo

el enchufe

el rodillo

el galpón

la mariposa

la mariquita

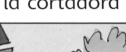

la manguera

el gusano

la cortadora de pasto

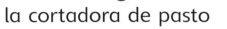

el sendero

la mesita para los pájaros

el arbusto

la pala

la horca

el nido

el rastrillo

la azada

el árbol

la regadera

las hojas

la abeja

el caracol

el pasto

la avispa

el tendedero

las semillas

el columpio

el perro

la hamaca

la correa

el desplantador

el seto

el techo

la hoguera

el invernadero

el humo

la paloma

la carretilla

el aspersor

la oruga

la caseta
del perro

el hueso

las nueces

la piscina
para niños

la barbacoa

15

el coche

la bicicleta

la tienda

el tarro de
basura

el cono

la escalera
de mano

el parquímetro

la vereda

el hombre

la ambulancia

el taladro

el puesto

el banco

el surtidor
de gasolina

el cartero

la cafetería

el tarro de basura

el camión

la bolsa

la furgoneta

la farola

el agente de policía

el autobús

la motocicleta

el estación
de servicio

la mujer

la basura

el bombero

la parada
de autobús

la escalera

las tuberías

el taxi

el cochecito

el desagüe

el coche de policía

la excavadora

la cabina
telefónica

el coche de bomberos

17

el carrito

la mermelada

la leche

las latas

la pera

los pimientos

las setas

el ketchup

la manteca

la cartera

el arroz

las naranjas

el recibo

las manzanas

las salchichas

el choclo

el jugo de frutas

las legumbres

los huevos

la banana

las papas

las zanahorias

el queso

 la ciruela

los tomates

 las botellas

 la tarjeta de crédito

el cesto

En el supermercado

la lista

 las frutillas

 las cerezas

la cebolla

la sandía

 la piña

 el monedero

 la caja

el pollo

 la pasta

la carne

el pepino

 el dinero

 los limones

 las uvas

la varita mágica

el osito
de peluche

el triciclo

el velero

los patines

el sonajero

el bate

la guitarra

la muñeca

los cubos

la máscara

el coche
de carreras

la casa de
muñecas

la cuerda
de saltar

el fuerte

el tambor

los bolos

los dados

20

el caballito de balancín

la marioneta

la flecha

las canicas

las pinturas

la caja sorpresa

el cohete

el rompecabezas

el juego de herramientas

el astronauta

la pelota

la caja

el dinosaurio

el robot

el soldado

el casco

el arco

las cartas

el patinete

 el alfabeto

 la papelera

 el pegamento

 el computadora

 los rotuladores

la impresora

el acuario

las tijeras

 la pizarra

 el xilófono

 el cuaderno

 la fiambrera

 el afiche

 el ratón

 el piano

 los lápices de colores

 la flauta

 el pincel

el hámster

la jaula

 el dibujo

el caballete

el violín

el bote de pintura

la pizarra blanca

la profesora

el globo terráqueo

el mapa

la regla

la pinza

el escritorio

el papel

el teclado

la plastilina

el pez

la flauta dulce

las tizas

las plantas

las chinches

el lápiz

la goma de borrar

la trompeta

el piragüismo

el parapente

el footing

el salto de altura

el squash

el surf

la vela

el salto de longitud

la natación

el hockey

el esquí acuático

el salto de trampolín

el levantamiento
de pesas

la equitación

el hockey sobre hielo

el fútbol

el boxeo

el tenis

el snow boarding

el rugby

el fútbol

el remo

el béisbol

el patinaje
sobre hielo

la gimnasia

las carreras de karts

el baloncesto

el bádminton

el ping-pong

el windsurf

el tiro con arco

el karate

el ciclismo

el esquí

el críquet

el baloncesto
femenina

la cuerda

la caja
de arena

la codera

los pájaros

la calesita

el remo

la piruleta

los sandwiches

el tablón de
anuncios

el tobogán

la ramita

la fuente

la mesa
de picnic

el parterre

la niña

la rodillera

el estanque

la estructura
para trepar

los niños

la rana

la cometa

la libélula

los renacuajos

la rama

el puesto
de helados

la barca

el niño

el guardián
del parque

los patitos

el conejo

el subibaja

la verja

el monopatín

la jarra

el helado

el cisne

el picnic

el gorro
de fiesta

las papas
fritas

la cinta
adhesiva

la pajita

la tarjeta
de cumpleaños

la corbata
de moño

la ensalada
de frutas

el vaquero

las pinturas
para la cara

la capa

las cabritas

la sirena

la película

el regalo

la cadeneta
de papel

el caramelo

el vestido
de fiesta

la bolsa
de regalo

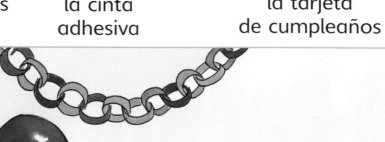
las velas

la videocámara

 la cámara

el globo

 el pirata

el collar

la torta

 la caja de fósforos

 el mago

 los bollos de pan

 la cinta

 el vaso de papel

 la servilleta

 el chocolate

 el mantel

 el papel de regalo

 la pancarta

 el casete

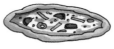 la pizza

 el fósforo

 el sombrero de copa

29

el paciente

el enyesado

el bastón

el móvil

la silla de ruedas

el monitor

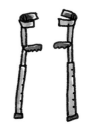
las muletas

la venda

los juguetes

el cómic

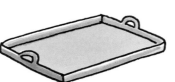
la bandeja

la sangre

el enfermero

los auriculares

el frutero

la radiografía

las pinzas

la manta

el botiquín

el andador

el termómetro

el ascensor

el cabestrillo

la médica

el sobre

la curita

el camillero

los pañuelos de papel

el estetoscopio

el reloj

la bata

las pantuflas

el medicamento

la bata
de médico

las pastillas

la almohada

la camilla

la sábana

el ambulanciero

el algodón

el auxiliar de vuelo

la torre de control

la pila

la valija

el portaequipajes

la etiqueta

la boletería

los faros

el baúl

el avión

los boletos

el kiosco

la controladora
de boletos

el andén

la ciudad

el silbato

los carriles

el capó

el aeropuerto

el maquinista

el jumbo

el pasaporte

el maletín

la grúa

el helicóptero

el globo de aire caliente

el ala

la mochila

la estación de tren

la aeronave

la rueda

el tren

la bandera

la escalera mecánica

la montaña rusa

el laberinto

el videojuego

el algodón de azúcar

los autos de choque

el perrito caliente

la bengala

la rueda gigante

los dónuts

la esterilla

el circo

la balsa

el tobogán de agua

el restaurante

el fuego
artificial

la equilibrista

el castillo

el acróbata

el castillo inflable

el maestro de ceremonias

34

el carrusel

el tobogán

la piscina

el tren fantasma

la sala de cine

el payaso

el disfraz

el trampolín

la cama elástica

la banda

el museo

las burbujas

los bolos

la malabarista

el pescador

el zorro

la hoguera

la roca

la carpa

la bolsa de dormir

las moras

el remolque

la catarata

el sapo

la carretera

la garza real

la colina

la iglesia

la esclusa

el caballo

el leñador

la nube

el cielo

el lago

el túnel

la liebre

el molino
de viento

el río

los troncos

la caña de pescar

El campo

el alambre
de púas

el hacha

la lechuza

la polilla

el puente

el bosque

la caravana

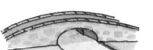

la barcaza

el canal

la cabaña
de madera

el campista

la montaña

la ternera

el barril

la cosechadora

el burro

los patos

el cordero

el campo

la oveja

la cabra

la gallina

el perro pastor

la pocilga

el tractor

la tierra

el granjero

los gatitos

las botas

el granero

el arado

el pavo

el camión cisterna

38

el cabrito

la casa de hacienda

el saco

el potro

el espantapájaros

los pollitos

el abrevadero

el manzanal

el toro

el muro

el chancho

la silla de montar

los chanchitos

la vaca

la cuadra

el trigo

el gato

el balde

la paja

el gallo

el gallinero

el ganso

el heno

39

el castillo de arena

los flotadores

el bote

el transbordador

los caracoles

la arena

el flotador

la ola

la canoa

la isla

las aletas

la cuerda

la medusa

los guijarros

la red

el socorrista

la vela

el traje isotérmico

el acantilado

el termo

los lentes
de sol

la estrella
de mar

las algas

el bikini

la lancha

el ancla

la tabla de surf

el balón de playa

el protector
solar

la paleta
helada

la gaviota

el cangrejo

la pamela

la boya

la cadena

el faro

el mar

el camarón

las gafas de bucear

la charca entre rocas

la perezosa

el tubo de
respiración

la sombrilla

El dormitorio

el chupete

el armario

el pijama

la cama

la bolsa de agua caliente

el peine

el gancho

el bebé

el cepillo
del pelo

el despertador

el edredón

la noche

la cuna

la percha

la cómoda

el camisón

la persiana

la camita

la caja de juguetes

la litera

El baño

el champú

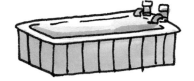

la bañera

el agua

el inodoro

la toalla

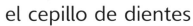

el cepillo de dientes

el grifo

el jabón

el tapón

la pasta de dientes

el papel higiénico

la esponja

el pañal

la toallita

el toallero

el lavabo

el gel de baño

la ducha

cortar

cepillar

lavar

mirar

agarrar

soplar

llorar

lamer

perseguir

leer

trepar

cavar

comprar

dormir

saltar

escuchar

aplaudir

hacer cola

escribir

besar

tirar

empujar

bailar

44

nadar

recoger

jugar

montar
en bicicleta

tejer

cocinar

bucear

reír

saltar a la comba

sonreír

caminar

llevar

tomar

correr

sentarse

estar de pie

comer

reñir

cantar

 dentro

 fuera

 abajo

 arriba

 contento

 triste

 debajo

 encima

 frío

 caliente

 mojado

 seco

 duro

 suave

 vacío

 lleno

 fino

 gordo

 limpio

 sucio

 oscuro

 claro

largo

corto

encima de

viejo

nuevo

debajo de

cerca

lejos

alto

pequeño

grande

lento

rápido

bajo

pocos

muchos

abierto

cerrado

 la dentista

 el actor

 el cocinero

 la jardinera

 el bailarín

 la camarera

 la científica

 la cantante

 el pintor

 el artista

 el peluquero

 el plomero

 el albañil

 la secretaria

 la florista

 el juez

 el basurero

 el carnicero

 el electricista

 el submarinista

 el recepcionista

el marinero

el mago

la bruja

el limpiacristales

la música

el patinador
sobre hielo

el carpintero

la locutora
de televisión

el panadero

el conductor
de autobús

la periodista

la bibliotecaria

el mecánico

el piloto

el camarero

la ceramista

el montañista

el camionero

el apicultor

el elefante

el mono

los cachorros de león

la jirafa

la cebra

el ciervo

el guepardo

la tortuga

el gorila

el rinoceronte

el castor

el camello

la ballena

el oso

la lagartija

el flamenco

el lobo

el avestruz

el canguro

el oso polar

el chimpancé

el tucán

el tiburón

el león

el leopardo

el pavo real

el pingüino

el loro

el cocodrilo

la serpiente

la foca

el águila

el delfín

el mapache

el koala

el tigre

el puerco espín

el reno

el frailecillo

el hipopótamo

el caimán

el pelícano

el oso panda

Los números

uno

dos

tres

cuatro

cinco

seis

siete

ocho

nueve

diez

once

doce

trece

catorce

quince

dieciséis

diecisiete

dieciocho

diecinueve

veinte

30 treinta

40 cuarenta

50 cincuenta

60 sesenta

70 setenta

80 ochenta

90 noventa

100 cien

morado

amarillo

negro

rojo

naranja

azul

gris

verde

blanco

marrón

rosa

Las formas

la medialuna

el círculo

el triángulo

el rombo

la estrella

el rectángulo

el cuadrado

el óvalo

el octágono

el hexágono

53

Los días de la semana

lunes

martes

miércoles

jueves

viernes

sábado

domingo

Los meses del año

enero

febrero

marzo

abril

mayo

junio

julio

agosto

septiembre

octubre

noviembre

diciembre

El tiempo

la lluvia

el sol

la nieve

el viento

el arco iris

el relámpago

la helada

la niebla

Las estaciones

la primavera

el verano

el otoño

el invierno

54

Lista de palabras

57